NO TE DEJARÉ

NO TE DEJARÉ

Gonzalo Sanabria

MAHALTA
E D I C I O N E S

COLECCIÓN
ADIVINOS

© Gonzalo Sanabria

© Fotografía de portada: *Gero* de Héctor Faramalla.

© Añil desarrollo gráfico, S.L.
Mahalta ediciones es un sello editorial de Añil desarrollo gráfico, S.L.
www.anil.es
www.mahalta.es

Primera edición: abril 2024

ISBN: 978-84-128188-7-1
Depósito Legal: CR 301-2024

Impreso en España
Diseño y maquetación: Añil desarrollo gráfico, S.L.
Impresión: Safekat, S.L.

A Ricardo, Iñigo y Yajaira.

Y ahora que estás casi olvidado,
ahora que el mundo gira ya sin ti,
justo ahora, más que nunca,
óyeme bien, no te dejaré.

Purgación

Santa Marina

Al fondo el cielo cayendo a plomo.

Una montaña de silencio.
Un manto de días azules y rosas.

Ya no queda espacio para las malas noticias.

Una luz que parpadea.
Una mandíbula que cae.

Una frente de escarcha que aloja un último beso.

TÚ QUE TE DICES DIOS Y LA MATASTE

Tú que te dices Dios y la mataste.
Tú, sí: la volviste loca.
Ni un gramo de carne
ni una chispa de esperanza.
Perdió la razón semana a semana,
y tú no estabas allí para ayudar
(yo sí estaba, cada día, cada hora,
y no te vi). Y en este súbito rapto,
años después, que me refluye
todo el odio; se me revuelven
las tripas solo con oír tu nombre.

Ella creía en ti, incluso yo,
alguna vez, hace ya demasiado.
Sea, es así que yo ahora te cito:
veamos si das la cara. Tú eres muy grande,
muy viejo y muy terrible; yo no soy nadie,
solo quizás y no es poco una débil criatura
llena de dolor y de rabia. Ten coraje,
muéstrame tu magnificencia, acude frente a mí:
juro por Satanás que te estrangulo.

LOS FANTASMAS

Aquellos que se fueron sin haber cumplido la misión. Esponjas de tiempo, aguardando esa oportunidad que nunca llega. Hambrientos de luz, olfateando hasta la menor brizna de vida.

A tu lado.
Siempre a tu lado.
Pero ya sin ti.

YA ES PASADO

Yo, incapaz de consolarte:
las palabras no atraviesan
la coraza terrible de la angustia.

Piensa si quieres que todo dolor
es pasado. Que todo, en la vida,
ya es pasado.

Por no cogerte de la mano

Arrastramos con nosotros los hombres que fuimos;
los hijos que no tuvimos; los sueños que no se cumplieron;
las verdades que callamos; las palabras de más.

Con lo fácil que parece perdonarse. Con lo hermoso
que suena dejar lo pasado en el pasado. No mirar atrás
con ira o con vergüenza. Todo es tan sencillo como decir
las palabras: espero, padre, que me perdones
por no cogerte de la mano.

AHORA YA TODO ES SILENCIO

Y ahora ya todo es silencio.
Como el minuto que sigue al final
del bombardeo. Como los bosques
que rodean Santa Marina.

Silencio de alondra y de alborada,
silencio de pueblo muerto y de alma
en carne viva.

Silencio en blanco y negro,
silencio de humedad, viento y termitas.

DESPIDIÉNDONOS

Doce días en tránsito.
Con el cuerpo extenuado
y consumido y aún así
no te rendías.
No querías irte.

Doce noches atrapada
en un sueño dentro del sueño.

¿Cuánto de ti se había ido ya?
¿En qué momento dejaste de ser
lo que de ti perduraba?

Doce días y doce noches
despidiéndonos.
Y el mundo como si nada.

Puedes llamarlo fe

Puedes llamarlo fe, resignación, confianza;
pero el caso es que en el último de tus días,
un abismo mirará dentro de otro abismo,
y entonces olvídate de cualquier negociación,
tendrás que elegir: o entrar en pánico y arrojar
tu dignidad al abismo para ganar tiempo,
o dejarte caer, sumiso y curioso, vacío y cansado.

Y quizá incluso descubras que la caída no es tan terrible,
y hasta le cojas gusto porque flotas y te timbra la paz
como aleteo de pájaro, y te alegras de ser hombre y
de dejar de serlo porque entiendes que todo es lo mismo,
o te apagas, te desvaneces y eso es todo.

Ya está.

Eso es todo.

IZADI

Una niña sin fortuna
ve como bailan los delfines.

El cielo es un tendido
celofán azul.

El mar con la blancura
rota del pergamino.

La vida fue cruel
sin tregua:
sé que su abuela llamó
a Dios y le saltó
el contestador automático.
Y que su padre se escondió
para que no le vieran llorar.

La vida fue cruel
por la ironía:
Una niña sin fortuna,
viendo bailar a los delfines
en las islas afortunadas.

LA CRUZ

Fue en algún lugar de Santa Engracia
donde creí reconciliarme con el hombre.
Yo iba en un taxi, de retirada;
de retirada y muy borracho,
como tenía por costumbre en esos tiempos.
Pero aquella noche había sido especial:
unas horas antes mi hermano me echó
la vida encima como un cubo de agua helada.
Mi padre tenía cáncer.

Esa noche fue salvaje.
Alcohol y risas y amargura.
Mis amigos no entendían esto último,
pero eran los mejores amigos del mundo
y se quedaron conmigo hasta el final.
Hasta las altas luces.

A la salida del Capote me dieron unos abrazos,
se dejaron insultar uno por uno y me empujaron
al interior de un taxi que olía a tallarines al curry.
Y allí estaba yo,
viendo a las gentes por Santa Engracia.
Gentes paseando al perro.
Gentes fumando en una esquina.
Gentes desayunando en las terrazas.
Gentes comprando el periódico.
Entonces vi lo que nunca antes había visto:
cada cual llevaba su cruz.
Más grande o más pequeña.

Más ligera o más pesada.
Pero cada uno con la suya.

Creí comprenderlo todo,
mas justo en ese instante
me sobrevino una náusea
—o vi unas piernas bonitas,
no me acuerdo—
y volví a mi propia miseria,
preguntándome de qué modo
lograría introducir mi cruz en el ascensor.

La esperanza

Quítale a un hombre la esperanza
y le dejarás el regalo de la aceptación.

Quítale la esperanza a su vecino
y se lo arrebatarás todo.

Ella murió pensando que su hermano
en algún momento alegre volvería.

MAÑANA

No te fíes del incierto mañana.

¿Mas cuánta vida en tu vida resta
                    sin mañana?

Aplazar sueños, diferir compromisos.
Para mañana.

Si bien mañana, algún mañana,
unos pisarán tus flores,
otros beberán tu vino.

El morse de la bombilla

El morse de la bombilla
quien sabe si decía:
Adiós, emprendo el viaje.
Despídeme de los hijos.
Los quiero. Queda todo
perdonado.

O puede que la muerte sea solo
una convulsión eléctrica;
pero pasar pasó, y fue un milagro;
pues quien lo vio no creía, y ahora cree.

Una vieja alianza

Una vieja alianza en el escaparate
de una casa de empeños.

El contorno de un niño
dibujado sobre la acera.

Un carrito de supermercado
en el cauce de un río.

Un corazón tachado
en el tronco de un árbol.

Un pañuelo con sangre seca
en los baños de un hospital.

FUESE

Y en esto que fuese
y quedose en nada,
un cuerpo apenas más liviano
que el ataúd de cedro
en el que ardió gloriosamente.

Ella que quiso de tal modo amar los días,
que puso tanto empeño en volvernos felices,
que se comía a bocados la esperanza;

le entregó tanto a la vida que fue bien poco
lo que le dejara a la muerte.

Fue hermosa y fue buena.
Utilidad y belleza,
malabarismos en el alambre
del eterno retorno, pues todo
tiene un final y un principio
al que volver,
del punto
A
al punto
B,
aun cuando íntimamente sabes
que no hay punto
A
ni punto
B,
solo un punto inmóvil,

luminoso, allá dentro,
en el origen de todo.

(La vorágine te aleja del centro,
tienes que volver al centro).

No habrá que fatigar eternidades
para verla, solo el tiempo que nos lleve
reconstruir la memoria, y su amor
volverá a nosotros.
Hoy su figura se agiganta,
la muerte te da un no sé qué
de autoridad, como un aura,
una luz virada en sombra
que aún palpita desde el fondo
de la noche primera.

La vida no da cuartel, el tiempo
nos pasa por encima, es lo propio
y es lo justo, el mundo pertenece
siempre a los que van llegando.

En la memoria se arropan
aquellos sábados montaraces,
opulentos, volatineros,
cuando bajaba las nubes
para que las pudiéramos tocar;
mientras acechábamos besos,
besos como cerezas, al pie del árbol.

La hoguera de las Navidades

Cuánta silla vacía.
Cuánto pesan los muertos.
Extraña Navidad,
campo de minas.
Belenes y arbolitos,
calcetines y corbatas;
pandas en la nieve,
percebes por las nubes.
Todos los años toca
el gordo de la melancolía.
Dios guarde a Raphael
a la derecha del niño,
y madre guarde al niño
en su caja humilde,
protegido del polvo
y de la burla y del olvido.

TODO VA BIEN CUANDO DE PRONTO (I)

Todo va bien cuando de pronto,
escupes un trozo de pulmón
y todo cambia: la vida se ensombrece,
toca recoger trapo, sin tiempo apenas
para articular una pudorosa despedida.

Ignoramos a la muerte, mas ella
nunca se desentiende nunca de nosotros.

Racimos

Tan y tan adentro que no me dan los ojos,
estancia primigenia del ser:
mi piel entre tu amor, nanas y besos.

Como la parra tendida sus racimos:
ahí te llevo, madre.

La soledad

La soledad
      es no darse.

No ser capaz de ir.

Estar solo
      sin amarse.

Desvivir.

      Sobrevivirse.

CADA DÍA

Cada día hay gente
que se va
y no sabe cómo.

Cada día hay gente
que no sabe irse
y nadie le ayuda.

Cada día el hombre
es menos hombre,
y la partida es más dura
para el que debe marchar.

Iluminación

Me faltan tantas respuestas

Paso a recoger los informes
de los voluntarios;
estoy solo en la habitación
del hospital, tengo prisa,
en diez minutos sale el autobús
de vuelta hacia Bilbao,
leo a salto de mata nombres de enfermos,
familiares, acompañantes, estados de ánimo.
Cosas que me revuelven el alma:

Ya no quiere hablar.

Pregunta por su hermano todo el rato.

*Venezolana, sin familia; intenta sonreír
para que no nos sintamos mal.*

Luego, ya en el bus y más tarde en el metro,
son cosas distintas las que escucho:

Dile que deje de llamarme que me va a volver loca.

Habría que ir pensando en los regalos de Navidad.

*Tendría que haberme comprado
estos mismos zapatos pero en rojo.*

Algo por dentro me dice
que debería sentirme mal,

pero en verdad me reconforta
la banalidad cotidiana.
Yo soy uno de ellos, quizá
algún día sea uno de aquellos,
—Dios no lo quiera—, me preocuparé entonces
por otras cosas, no sé si más importantes…

Yo que desperdicié todos mis dones

Yo que desperdicié todos mis dones
para beberme el sol y sombra de la vida.

Contempla mi caída, escarmienta si quieres
en mí; vivo en el descuento, mas no
me compadezcas: tan solo quemé las naves.

No busco tu compasión, no necesito tus lágrimas:
solo has de saber que desperdicié todos mis dones
por beberme el sol y sombra de la vida.

GARBIÑE

Camina directa hacia la muerte
como quien baja a comprar el pan.

Ni un temblor en la voz, ni un suspiro,
ni una lágrima.
¡Qué difícil hacer justicia a su apostura!
¡Cuánto mérito en saber irse tan bien!

TODOS ERAN TÚ

De vuelta a casa, Ricardo,
te he visto en todas las terrazas
de todos los bares, con tu copa
en la mano y tu aire escéptico.
Todos esos fuiste tú,
Ricardo, y ahora eres otro:
prácticamente ya no eres.

Pero todos ellos eran tú,
con tu risa antigua, tus afables
gritos; en todos ellos he visto
algo tuyo, Ricardo: aunque solo
sea esa manera tan castellana
de darle la espalda a la muerte.

Yajaira se va enleveciendo

Yajaira se va enleveciendo
como un pájaro sin plumas
   y sin pájaro.

Y aún así remonta el vuelo
   cada día.

(Como siga aligerándose
su sombra se escurrirá
por las grietas de la pared).

Yajaira es una alegre flor
del jardín botánico dominicano;
plantaron su voz en tierra oscura,
y de sus labios todo el año brota
la rosa del júbilo.

Ese ruido negro

Ese ruido negro,
ese pozo de alquitrán,
todo ese fango que cubre
las ramas de tus pulmones,
esa música en tu voz
como de engrudo.

Él es quien responde
a tus preguntas, Abdallah.

La silla del hombre muerto

Paseando la silla del hombre muerto
por la línea 2 de Metro Bilbao.

La gente me mira y no ve al fantasma
sobre la silla: el fantasma se ríe, pues él
sí ve en ellos a la gente muerta que serán.

Paseando la silla del hombre muerto
por siete estaciones de la Margen Izquierda.

Solo los niños ven la cara del fantasma;
éste les guiña un ojo y les saca la lengua:
los niños corren, alborozados, con ganas
de pedirle un autógrafo.

Paseando la silla que fue del hombre vivo,
al fin libre, por sus antiguos señoríos.

Los pobres de espíritu solo ven la silla;
los avispados ven además al hombre
que la empuja; pero el fantasma, ay
el fantasma; el fantasma los ve a todos
y de todos se ríe.

Tanyah

Es la sonrisa de Tanyah
un lenguaje universal.

Por muy mal que vayan las cosas,
Tanyah, yo sé que si sonríes
todo puede ir a mejor.

IHAB

Si tú supieras, Ihab,
lo que la vida puede
hacer por ti.

Si supieras lo cerca
que viven la gloria
y la catástrofe.

Si supieras que nadie
te debe nada, y que sin
deudas se vive mejor.

Si supieras lo lejos
que se puede llegar
con una pierna.

Y si los demas supiéramos
hacértelo ver, Ihab,
si tan solo supiéramos.

Un año entero yo te debo

Y es así que dejo a Iker como testigo,
Marta, de que un año entero yo te debo:
empeño tuyo, al fin; lo poco o mucho
que cundiera, fue cosa mía y de los míos.

Un año intenso y bien vivido: aprendí
a contar los vientos de la rosa, a dormir
en una silla de ruedas y otras insolencias
de las que rendiré cuenta al Diablo.

Por eso ahí queda Iker como testigo,
Marta, de que todo un año yo te debo:
pagado queda, sin factura; lo que hagas
con él, ya es cosa tuya y de los tuyos.

Cuando la derrota parece segura

A veces en la vida vienen mal dadas,
las cosas se tuercen, los planes no salen.
Nos invade el pánico,
                              la amargura,
                                            la desesperanza.

A veces la vida nos pone entre la espada y la pared,
la bestia nos mira de frente:
no hay salida,
                    estamos solos;
                                         miramos alrededor
                                                        y estamos solos.

Entonces, cuando la derrota parece segura,
alguien da el paso y salva el día.

Quieres contar lo que te pasa

Quieres contar lo que te pasa,
Sagrario,
con rota voz de niña guineana,
tumbada de costado, las piernas
recogidas.

Quieres saber lo que te pasa,
Sagrario,
pero nadie puede explicarte
              lo que te pasa:
ni los médicos, ni las enfermeras,
ni nosotros.

Qué sola que estás, María Sagrario;
por eso te pasa lo que te pasa.

Nunca y no

No te abandonaré, Juan Carlos,
con tus cándidos reproches a los hijos.

No te abandonaré, Luciana,
con tu espalda demolida a parchetazos.

No te abandonaré, Alejo,
con tu zumbido alegre de abeja herida.

No os abandonaré, Julia, Miguel,
Aureliano, Ernestina, José Luis,
Antonio, Amaia, Paulino.

Soy un soldado más en vuestro ejército.

Somos vuestros hijos, vuestros esposos,
vuestras madres y vuestras hermanas.

No os abandonaremos, nunca, a ninguno.

Moriréis o viviréis, pero nunca solos.
Ni modo. Nunca y no.

Areli

Areli se fue en ambulancia al aeropuerto.
A morir con los suyos, en la tierra amada.

Areli vino buscándose una vida y se encontró
un cáncer. Areli, entonces, buscó ayuda
y nos encontró a nosotros.

Pero ella y yo nunca nos encontramos.

Areli se marchó, moribunda, al aeropuerto.
De nada le hubiese servido mi ayuda,
y aún así me hubiera gustado ayudarla.

Ojalá me la encontrase alguna vez,
pongamos que en el cielo. Areli —le diría—,
por fin estoy preparado para ti.

UNA MANO EN TU MANO

Una mano en tu mano
y otra en tu frente.

El silencio hablaba por nosotros.

Fuera, cada cual en su pelea.

Tú y yo a mano y labio firme.

Nadie, salvo Él, compartió
la gracia del momento.

Mas la gracia se marchó contigo,
para alumbrarte la vereda.

Una mano en tu frente
y otra en tu mano.

Qué poco necesita un hombre
para irse en paz.

Aspaldiko

Cuánta vida sin amor,
mi amor, en lo alto
de la colina.

Cuánta soledad
que no termina
de barrer el viento.

Cuántos ojos deshabitados,
mi amor,
y cuánto olvido.

Unión

Solo quiero que me veas

Me plantaré frente a ti
con las manos desnudas.
Te mostraré que las cosas
pueden ser distintas.
Yo seré tu válvula de escape,
tu alcázar, tu punto de inflexión.
Aunque me insulten
o se burlen de mí.
No te aflijas por ello:
solo quiero que me veas.

No tardes mucho

No tardes mucho,
no te lo pienses:
a la luz y por la luz
cuanto antes,
no sea que, cargado
al fin de razones,
salgas a la pelea
y los grandes héroes
que aguantaban golpe
a golpe por nosotros,
ya estén muertos.

El peso del mundo

De negro vestida llega o de amarillo.
Es toda la pena del mundo:
toda la barbarie, la injusticia,
la crueldad, el tormento.

Hay días que cuesta ya solo
abrir los ojos. Miles de años de agonía:
Sobre ti, por unas horas.

Luego se marcha y respiras aliviado,
con legítimo orgullo y con asombro:
el peso del mundo no era una metáfora,
y tú lo has soportado sin quebrarte.

DOGMA

Saber que nada es eterno
y sorprenderte cuando acaba.
Que lo bueno llega y pasa,
como lo malo.

Que nada es importante
y cada detalle cuenta.
(Dios y el Diablo
están en lo pequeño).

Hablamos del milagro
terrible de la vida.

La soledad mata

En todo esto
solo hay un secreto:
tienes derecho a estar solo,
pero no a sentirte solo.

Lo demás es negociable:
las risas, los abrazos, la amistad.
Pero la compañía, no.
Ya te imaginas por qué:
la soledad mata.

Dos de mayo

Ya nunca temeré
olvidarme de tu día,
madre,
pues ahora sé
que todos los días
eran tuyos.

Que no nos confundan las rosas

Cuarenta y cinco pascuas marchitas
y una sólida certidumbre:
no existe ambición mejor retribuida
que volcarse en los demás a tumba abierta.

La plenitud está en los otros.

Nada hay más que indignidad
en la ignorancia del dolor ajeno.

Que no nos confundan las rosas.

Aleluya

Cada mañana un trotamundos
regresa por fin al hogar.

Cada mañana un hombre sin fe
se enamora, ahora sí, de quien debe.

Cada mañana, unos padres
encuentran al hijo pródigo.

Cada mañana un optimista
planta orquídeas junto al vertedero.

Cada mañana un huérfano se sorprende
de no haber soñado con su madre.

Cada mañana, por increíble que parezca,
amanece de nuevo para todos.

AL PIE DE LA ALBORADA

Olvidarte de quién eres,
entregarte a la noche.
Solo sentir, para ser sintiendo.

Y partir al pie de la alborada.
Dejando atrás el miedo
a lo que fuiste, alegre de haber sido.

Todo va bien cuando de pronto (ii)

No te olvides de vivir:
dispútale cada segundo al miedo, nunca
te arrodilles ante la melancolía. No estás solo,
contigo van todos aquellos que te amaron:
te lo dicen los pulsos de luz que hay en tu sangre.

Ama a lo profundo, apégate al instante.

Y cuando el barco alcance su destino,
vístete de aurora, cálate el sombrero,
despídete sin dramas y sonríe.

Soy vosotros

Ni una semana y ya
os echo de menos.
A los pacientes,
a vosotros
y al Bien.
No soy de los vuestros:
soy Vosotros.

Siempre en alto

Rendir siempre lo que puedas.
Ser honesto.
Perdonarte.
Darte a los demás:
no hay escuela
de amor comparable.

El destino de los hombres
es tu destino. No temas:
el miedo achica el mundo.

Confía en Dios aunque no creas.
Así,
pase lo que pase,
te alcanzará la muerte siempre en alto.

La mariposa de Naomi

Ser es estar, el que sabe estar
es el que sirve.

Ahí, en torno tuyo,
frente a ti,
para ti,
por ti;
nunca encima ni detrás.

Solo ahí: alrededor,
el amor en movimiento,
la presencia inverosímil,
la mariposa de Naomi.

Estos son mis días

Estos son mis días, apenas
una décima de fiebre
para el sol,
un bostezo del Universo;
un pestañeo, una fracción,
una miseria.

Pero míos.

Santa luz de primavera

No hay ni rastro de la muerte
en la luz de mayo.

Miro hacia el cielo profundo
                  y azul,
miro las caras de la gente,
sus pieles uniformes, limpias,
sin brillos de maldad ni sombras
                       de miedo.

Observo las cosas, satisfechas
de ser lo que son, rotundas,
sublimadas por la luz del sol
                     tendido.

No, no hay ni rastro de la muerte
en la luz de mayo.

Ni del dolor, ni de la angustia
de aquél que se sabe
vivido de repente, a su pesar.

Hablo pues de mayo, este mayo
entre nosotros que nos regala
solo luz, luz neta, sólida luz,
luz de rosa silvestre.

Tibia, santa luz de primavera.

Dios lo quiere

Y por eso te confirmo que el amor
                                       es sagrado:
basta con que recuerdes el pánico,
la fascinación, la magia, el calor
del otro cuerpo, el aliento tenue
                                       junto a tu oído.

La suspensión del tiempo y de la noche.

Tu iglesia es el otro. Ama con fe,
como si tuvieras por siempre quince años.

Dios lo quiere.

Vivir deliberadamente

Hice el amor, hice un poema.
Comparecí en el presente.
Me entreveré con las horas
hasta casi suspender el alba.
Escuché las risas de los míos.
Reí con ellos.

Espanté la sombra de la indecisión.
Agradecí la brisa redentora del verano.

Me acuesto sabiendo que todo
está en orden.
Mañana quién sabe si abriré los ojos.
Hoy ya he cumplido el pacto con la vida.

ÍNDICE

Esta edición quedó dispuesta para la tinta
en marzo de 2024,
la esperanza se vistió de primavera